PRÉFACE

La collection de guides de conversation "Tout ira bien!", publié par T&P Books, est conçue pour les gens qui voyagent par affaire ou par plaisir. Les guides de conversations contiennent le plus important - l'essentiel pour la communication de base. Il s'agit d'une série indispensable de phrases pour survivre à l'étranger.

Ce guide de conversation vous aidera dans la plupart des cas où vous devez demander quelque chose, trouver une direction, découvrir le prix d'un souvenir, etc. Il peut aussi résoudre des situations de communication difficile lorsque la gesticulation n'aide pas.

Ce livre contient beaucoup de phrases qui ont été groupées par thèmes. Vous trouverez aussi un mini dictionnaire avec des mots utiles - les nombres, le temps, le calendrier, les couleurs...

Emmenez avec vous un guide de conversation "Tout ira bien!" sur la route et vous aurez un compagnon de voyage irremplaçable qui vous aidera à vous sortir de toutes les situations et vous enseignera à ne pas avoir peur de parler aux étrangers.

TABLE DES MATIÈRES

T&P Books Publishing

T&P Books Publishing

GUIDE DE CONVERSATION
— OUZBEK —

LES PHRASES LES PLUS UTILES

Ce guide de conversation
contient les phrases et
les questions les plus
communes et nécessaires
pour communiquer avec
des étrangers

Par Andrey Taranov

T&P BOOKS

Guide de conversation + dictionnaire de 250 mots

Guide de conversation Français-Ouzbek et mini dictionnaire de 250 mots

Par Andrey Taranov

La collection de guides de conversation "Tout ira bien!", publiée par T&P Books, est conçue pour les gens qui voyagent par affaire ou par plaisir. Les guides contiennent l'essentiel pour la communication de base. Il s'agit d'une série indispensable de phrases pour "survivre" à l'étranger.

Vous trouverez aussi un mini dictionnaire de 250 mots utiles, nécessaire à la communication quotidienne - le nom des mois, des jours, les unités de mesure, les membres de la famille, et plus encore.

T&P Books Publishing
www.tpbooks.com

ISBN: 978-1-78616-770-5

Ce livre existe également en format électronique.
Pour plus d'informations, veuillez consulter notre site: www.tpbooks.com
ou rendez-vous sur ceux des grandes librairies en ligne.

PRONONCIATION

Lettre	Exemple en ouzbek	Alphabet phonétique T&P	Exemple en français
A a	satr	[a]	classe
B b	kutubxona	[b]	bureau
D d	marvarid	[d]	document
E e	erkin	[e]	équipe
F f	mukofot	[f]	formule
G g	girdob	[g]	gris
G' g'	g'ildirak	[ɣ]	g espagnol - amigo, magnífico
H h	hasharot	[h]	[h] aspiré
I i	kirish	[i], [i:]	faillite
J j	natija	[dʒ]	adjoint
K k	namlik	[k]	bocal
L l	talaffuz	[l]	vélo
M m	tarjima	[m]	minéral
N n	nusxa	[n]	ananas
O o	bosim	[ɒ], [o]	acrobate
O' o'	o'simlik	[ø]	peu profond
P p	polapon	[p]	panama
Q q	qor	[q]	cadeau
R r	rozilik	[r]	racine, rouge
S s	siz	[s]	syndicat
T t	tashkilot	[t]	tennis
U u	uchuvchi	[u]	boulevard
V v	vergul	[w]	iguane
X x	xonadon	[ɦ]	anglais - behind, finnois - raha
Y y	yigit	[j]	maillot
Z z	zirak	[z]	gazeuse
ch	chang	[tʃ]	match
sh	shikoyat	[ʃ]	chariot
' '	san'at	[:], [--]	muet

Remarques

[1] [:] - Allonge la voyelle précédente; après consonnes est utilisé comme un «signe dur»

LISTE DES ABRÉVIATIONS

Abréviations en français

adj	-	adjective
adv	-	adverbe
anim.	-	animé
conj	-	conjonction
dénombr.	-	dénombrable
etc.	-	et cetera
f	-	nom féminin
f pl	-	féminin pluriel
fam.	-	familiar
fem.	-	féminin
form.	-	formal
inanim.	-	inanimé
indénombr.	-	indénombrable
m	-	nom masculin
m pl	-	masculin pluriel
m, f	-	masculin, féminin
masc.	-	masculin
math	-	mathematics
mil.	-	militaire
pl	-	pluriel
prep	-	préposition
pron	-	pronom
qch	-	quelque chose
qn	-	quelqu'un
sing.	-	singulier
v aux	-	verbe auxiliaire
v imp	-	verbe impersonnel
vi	-	verbe intransitif
vi, vt	-	verbe intransitif, transitif
vp	-	verbe pronominal
vt	-	verbe transitif

T&P BOOKS

GUIDE DE CONVERSATION OUZBEK

Cette section contient
des phrases importantes
qui peuvent être utiles dans
des situations courantes.
Le guide vous aidera
à demander des directions,
clarifier le prix, acheter
des billets et commander
des plats au restaurant

T&P Books Publishing

CONTENU DU GUIDE DE CONVERSATION

T&P Books Publishing

Excusez-moi, ...	**Кечирасиз, ...** Kechirasiz, ...
Bonjour	**Ассалому алайкум.** Assalomu alaykum.
Merci	**Раҳмат.** Rahmat.
Au revoir	**Кўришгунча.** Ko'rishguncha.
Oui	**Ҳа.** Ha.
Non	**Йўқ.** Yo'q.
Je ne sais pas.	**Билмайман.** Bilmayman.
Où? | Où? | Quand?	**Қаерда? | Қаерга? | Қачон?** Qaerda? | Qaerga? | Qachon?
J'ai besoin de ...	**Менга ... керак.** Menga ... kerak.
Je veux ...	**Мен ... хоҳлайман.** Men ... xohlayman.
Avez-vous ... ?	**Сизда ... борми?** Sizda ... bormi?
Est-ce qu'il y a ... ici?	**Бу ерда ... борми?** Bu erda ... bormi?
Puis-je ... ?	**Мен ... бўладими?** Men ... bo'ladimi?
s'il vous plaît (pour une demande)	**Марҳамат қилиб** Marhamat qilib
Je cherche ...	**Мен ... қидираяпман.** Men ... qidirayapman.
les toilettes	**ҳожатхона** hojatxona
un distributeur	**банкомат** bankomat
une pharmacie	**дорихона** dorixona
l'hôpital	**шифохона** shifoxona
le commissariat de police	**милиция бўлимини** militsiya bo'limini
une station de métro	**метро** metro

un taxi	**такси** taksi
la gare	**вокзал** vokzal

Je m'appelle ...	**Менинг исмим ...** Mening ismim ...
Comment vous appelez-vous?	**Исмингиз нима?** Ismingiz nima?
Aidez-moi, s'il vous plaît.	**Менга ёрдам бериб юборинг, илтимос.** Menga yordam berib yuboring, iltimos.
J'ai un problème.	**Менда бир муаммо бор.** Menda bir muammo bor.
Je ne me sens pas bien.	**Аҳволим ёмон.** Ahvolim yomon.
Appelez une ambulance!	**Тез ёрдам чақиринг!** Tez yordam chaqiring!
Puis-je faire un appel?	**Қўнғироқ қилсам бўладими?** Qo'ng'iroq qilsam bo'ladimi?

Excusez-moi.	**Узр, ...** Uzr, ...
Je vous en prie.	**Арзимайди** Arzimaydi

je, moi	**мен** men
tu, toi	**сен** sen
il	**у** u
elle	**у** u
ils	**улар** ular
elles	**улар** ular
nous	**биз** biz
vous	**сиз** siz
Vous	**Сиз** Siz

ENTRÉE	**КИРИШ** KIRISH
SORTIE	**ЧИҚИШ** CHIQISH
HORS SERVICE | EN PANNE	**ИШЛАМАЙДИ** ISHLAMAYDI

FERMÉ	**ЁПИҚ** YOPIQ
OUVERT	**ОЧИҚ** OCHIQ
POUR LES FEMMES	**АЁЛЛАР УЧУН** AYOLLAR UCHUN
POUR LES HOMMES	**ЭРКАКЛАР УЧУН** ERKAKLAR UCHUN

Questions

Où? (lieu)	**Қаерда?** Qaerda?
Où? (direction)	**Қаерга?** Qaerga?
D'où?	**Қаердан?** Qaerdan?
Pourquoi?	**Нимага?** Nimaga?
Pour quelle raison?	**Нима учун?** Nima uchun?
Quand?	**Қачон?** Qachon?
Combien de temps?	**Қанча вақт?** Qancha vaqt?
À quelle heure?	**Нечада?** Nechada?
C'est combien?	**Қанча туради?** Qancha turadi?
Avez-vous … ?	**Сизда … борми?** Sizda … bormi?
Où est …, s'il vous plaît?	**… қаерда жойлашган?** … qaerda joylashgan?
Quelle heure est-il?	**Соат неча бўлди?** Soat necha bo'ldi?
Puis-je faire un appel?	**Қўнғироқ қилсам бўладими?** Qo'ng'iroq qilsam bo'ladimi?
Qui est là?	**Ким у?** Kim u?
Puis-je fumer ici?	**Бу ерда чексам бўладими?** Bu erda cheksam bo'ladimi?
Puis-je …?	**Мен … бўладими?** Men … bo'ladimi?

Besoins

Je voudrais ...	**Мен ... истардим.** Men ... istardim.
Je ne veux pas ...	**Мен ... истамайман.** Men ... istamayman.
J'ai soif.	**Мен ичишни хоҳлайман.** Men ichishni xohlayman.
Je veux dormir.	**Мен ухлашни хоҳлайман.** Men uxlashni xohlayman.
Je veux ...	**Мен ... хоҳлайман.** Men ... xohlayman.
me laver	**ювинишни** yuvinishni
brosser mes dents	**тишларни тозалашни** tishlarni tozalashni
me reposer un instant	**бироз дам олишни** biroz dam olishni
changer de vêtements	**кийимларимни алмаштиришни** kiyimlarimni almashtirishni
retourner à l'hôtel	**меҳмонхонага қайтиш** mehmonxonaga qaytish
acheter ...	**... сотиб олиш** ... sotib olish
aller à ...	**...га бориб келиш** ...ga borib kelish
visiter ...	**... зиёрат қилиш** ... ziyorat qilish
rencontrer ...	**... билан учрашиш** ... bilan uchrashish
faire un appel	**қўнғироқ қилиш** qo'ng'iroq qilish
Je suis fatigué /fatiguée/	**Мен чарчадим.** Men charchadim.
Nous sommes fatigués /fatiguées/	**Биз чарчадик.** Biz charchadik.
J'ai froid.	**Мен совқотдим.** Men sovqotdim.
J'ai chaud.	**Мен исиб кетдим.** Men isib ketdim.
Je suis bien.	**Менга нормал.** Menga normal.

Il me faut faire un appel.

Кўнғироқ қилишим керак.
Qo'ng'iroq qilishim kerak.

J'ai besoin d'aller aux toilettes.

Ҳожатхонага боришим керак.
Hojatxonaga borishim kerak.

Il faut que j'aille.

Вақт бўлди.
Vaqt bo'ldi.

Je dois partir maintenant.

Боришим керак.
Borishim kerak.

Comment demander la direction

Excusez-moi, …	**Кечирасиз, …** Kechirasiz, …
Où est …, s'il vous plaît?	**… қаерда жойлашган?** … qaerda joylashgan?
Dans quelle direction est … ?	**… қайси йўналишда жойлашган?** … qaysi yo'nalishda joylashgan?
Pouvez-vous m'aider, s'il vous plaît ?	**Менга ёрдам бериб юборинг, илтимос.** Menga yordam berib yuboring, iltimos.
Je cherche …	**Мен … қидираяпман.** Men … qidirayapman.
La sortie, s'il vous plaît?	**Мен чиқиш йўлини қидираяпман.** Men chiqish yo'lini qidirayapman.
Je vais à …	**Мен …га кетаяпман.** Men …ga ketayapman.
C'est la bonne direction pour …?	**Мен …га тўғри кетаяпманми?** Men …ga to'g'ri ketayapmanmi?
C'est loin?	**Бу узоқми?** Bu uzoqmi?
Est-ce que je peux y aller à pied?	**У ерга пиёда бора оламанми?** U erga piyoda bora olamanmi?
Pouvez-vous me le montrer sur la carte?	**Илтимос, харитада кўрсатиб юборинг.** Iltimos, xaritada ko'rsatib yuboring.
Montrez-moi où sommes-nous, s'il vous plaît.	**Ҳозир қаерда эканимизни кўрсатиб юборинг.** Hozir qaerda ekanimizni ko'rsatib yuboring.
Ici	**Бу ерда** Bu erda
Là-bas	**У ерда** U erda
Par ici	**Бу томонга** Bu tomonga
Tournez à droite.	**Ўнгга бурилинг.** O'ngga buriling.
Tournez à gauche.	**Чапга бурилинг.** Chapga buriling.

Prenez la première
(deuxième, troisième) rue.

à droite

à gauche

Continuez tout droit.

биринчи (иккинчи, учинчи) бурилиш
birinchi (ikkinchi, uchinchi) burilish

ўнгга
o'ngga

чапга
chapga

Тўғри боринг.
To'g'ri boring.

Affiches, Pancartes

BIENVENUE!	**ХУШ КЕЛИБСИЗ!** XUSH KELIBSIZ!
ENTRÉE	**КИРИШ** KIRISH
SORTIE	**ЧИҚИШ** CHIQISH
POUSSEZ	**ЎЗИНГИЗДАН** O'ZINGIZDAN
TIREZ	**ЎЗИНГИЗГА** O'ZINGIZGA
OUVERT	**ОЧИҚ** OCHIQ
FERMÉ	**ЁПИҚ** YOPIQ
POUR LES FEMMES	**АЁЛЛАР УЧУН** AYOLLAR UCHUN
POUR LES HOMMES	**ЭРКАКЛАР УЧУН** ERKAKLAR UCHUN
MESSIEURS (m)	**ЭРКАКЛАР ХОЖАТХОНАСИ** ERKAKLAR HOJATXONASI
FEMMES (f)	**АЁЛЛАР ХОЖАТХОНАСИ** AYOLLAR HOJATXONASI
RABAIS | SOLDES	**КАМАЙТИРИЛГАН НАРХЛАР** KAMAYTIRILGAN NARXLAR
PROMOTION	**СОТИБ ТУГАТИШ** SOTIB TUGATISH
GRATUIT	**БЕПУЛ** BEPUL
NOUVEAU!	**ЯНГИЛИК!** YANGILIK!
ATTENTION!	**ДИҚҚАТ!** DIQQAT!
COMPLET	**ЖОЙ ЙЎҚ** JOY YO'Q
RÉSERVÉ	**БУЮРТМА ҚИЛИНГАН** BUYURTMA QILINGAN
ADMINISTRATION	**МАЪМУРИЯТ** MA'MURIYAT
PERSONNEL SEULEMENT	**ФАҚАТ ХОДИМЛАР УЧУН** FAQAT XODIMLAR UCHUN

ATTENTION AU CHIEN!	**ҚОПОНҒИЧ ИТ** QOPONG'ICH IT
NE PAS FUMER!	**ЧЕКИЛМАСИН!** CHEKILMASIN!
NE PAS TOUCHER!	**ҚЎЛ БИЛАН ТЕГИЛМАСИН** QO'L BILAN TEGILMASIN
DANGEREUX	**ХАТАРЛИ** XATARLI
DANGER	**ХАТАР** XATAR
HAUTE TENSION	**ЮҚОРИ КУЧЛАНИШ** YUQORI KUCHLANISH
BAIGNADE INTERDITE!	**ЧЎМИЛИШ ТАҚИҚЛАНГАН** CHO'MILISH TAQIQLANGAN

HORS SERVICE | EN PANNE	**ИШЛАМАЙДИ** ISHLAMAYDI
INFLAMMABLE	**ЁНҒИНДАН ХАВФЛИ** YONG'INDAN XAVFLI
INTERDIT	**ТАҚИҚЛАНГАН** TAQIQLANGAN
ENTRÉE INTERDITE!	**ЎТИШ ТАҚИҚЛАНГАН** O'TISH TAQIQLANGAN
PEINTURE FRAÎCHE	**БЎЯЛГАН** BO'YALGAN

FERMÉ POUR TRAVAUX	**ТАЪМИРЛАШГА ЁПИЛГАН** TA'MIRLASHGA YOPILGAN
TRAVAUX EN COURS	**ТАЪМИРЛАШ ИШЛАРИ** TA'MIRLASH ISHLARI
DÉVIATION	**АЙЛАНМА ЙЎЛ** AYLANMA YO'L

Transport - Phrases générales

avion	**учоқ** uchoq
train	**поезд** poezd
bus, autobus	**автобус** avtobus
ferry	**паром** parom
taxi	**такси** taksi
voiture	**машина** mashina

horaire	**жадвал** jadval
Où puis-je voir l'horaire?	**Жадвални қаерда кўриш мумкин?** Jadvalni qaerda ko'rish mumkin?
jours ouvrables	**иш кунлари** ish kunlari
jours non ouvrables	**дам олиш кунлари** dam olish kunlari
jours fériés	**байрам кунлари** bayram kunlari

DÉPART	**ЖЎНАШ** JO'NASH
ARRIVÉE	**КЕЛИШ** KELISH
RETARDÉE	**УШЛАНИБ ҚОЛДИ** USHLANIB QOLDI
ANNULÉE	**ҚОЛДИРИЛДИ** QOLDIRILDI

prochain (train, etc.)	**кейинги** keyingi
premier	**биринчи** birinchi
dernier	**охирги** oxirgi

À quelle heure est le prochain ...?	**Кейинги ... қачон бўлади?** Keyingi ... qachon bo'ladi?
À quelle heure est le premier ...?	**Биринчи ... қачон жўнайди?** Birinchi ... qachon jo'naydi?

À quelle heure est le dernier …? **Охирги ... қачон жўнайди?**
Oxirgi ... qachon jo'naydi?

correspondance **бошқага ўтиш**
boshqaga o'tish

prendre la correspondance **бошқага ўтиб олиш**
boshqaga o'tib olish

Dois-je prendre la correspondance? **Мен бошқага ўтиб олишим керакми?**
Men boshqaga o'tib olishim kerakmi?

Acheter un billet

Où puis-je acheter des billets?	**Мен қаерда чипта сотиб олишим мумкин?** Men qaerda chipta sotib olishim mumkin?
billet	**чипта** chipta
acheter un billet	**чипта сотиб олиш** chipta sotib olish
le prix d'un billet	**чипта нархи** chipta narxi
Pour aller où?	**Қаерга?** Qaerga?
Quelle destination?	**Қайси бекатгача?** Qaysi bekatgacha?
Je voudrais ...	**Менга ... керак.** Menga ... kerak.
un billet	**битта чипта** bitta chipta
deux billets	**иккита чипта** ikkita chipta
trois billets	**учта чипта** uchta chipta
aller simple	**бир томонга** bir tomonga
aller-retour	**бориб келишга** borib kelishga
première classe	**биринчи класс** birinchi klass
classe économique	**иккинчи класс** ikkinchi klass
aujourd'hui	**бугун** bugun
demain	**эртага** ertaga
après-demain	**эртадан кейин** ertadan keyin
dans la matinée	**эрталаб** ertalab
l'après-midi	**кундузи** kunduzi
dans la soirée	**кечқурун** kechqurun

siège côté couloir

йўлак ёнидаги жой
yo'lak yonidagi joy

siège côté fenêtre

дераза ёнидаги жой
deraza yonidagi joy

C'est combien?

Қанча?
Qancha?

Puis-je payer avec la carte?

Мен карточка билан тўлашим мумкинми?
Men kartochka bilan to'lashim mumkinmi?

L'autobus

bus, autobus	**автобус** avtobus
autocar	**шаҳарлараро автобус** shaharlararo avtobus
arrêt d'autobus	**автобус бекати** avtobus bekati
Où est l'arrêt d'autobus le plus proche?	**Энг яқин автобус бекати қаерда?** Eng yaqin avtobus bekati qaerda?

numéro	**рақам** raqam
Quel bus dois-je prendre pour aller à ...?	**...гача қайси автобус боради?** ...gacha qaysi avtobus boradi?
Est-ce que ce bus va à ...?	**Бу автобус ...гача борадими?** Bu avtobus ...gacha boradimi?
L'autobus passe tous les combien?	**Автобуслар қанчалик тез юриб туради?** Avtobuslar qanchalik tez yurib turadi?

chaque quart d'heure	**ҳар ўн беш дақиқада** har o'n besh daqiqada
chaque demi-heure	**ҳар ярим соатда** har yarim soatda
chaque heure	**ҳар соатда** har soatda

plusieurs fois par jour	**кунига бир неча маротаба** kuniga bir necha marotaba
... fois par jour	**... маротаба кунига** ... marotaba kuniga

horaire	**жадвал** jadval
Où puis-je voir l'horaire?	**Жадвални қаерда кўриш мумкин?** Jadvalni qaerda ko'rish mumkin?

À quelle heure passe le prochain bus?	**Кейинги автобус қачон бўлади?** Keyingi avtobus qachon bo'ladi?
À quelle heure passe le premier bus?	**Биринчи автобус қачон жўнайди?** Birinchi avtobus qachon jo'naydi?
À quelle heure passe le dernier bus?	**Охирги автобус қачон жўнайди?** Oxirgi avtobus qachon jo'naydi?

arrêt	**бекат** bekat
prochain arrêt	**кейинги бекат** keyingi bekat
terminus	**охирги бекат** oxirgi bekat
Pouvez-vous arrêter ici, s'il vous plaît.	**Шу ерда тўхтатинг, илтимос.** Shu erda to'xtating, iltimos.
Excusez-moi, c'est mon arrêt.	**Тўхтатворинг, бу менинг бекатим.** To'xtatvoring, bu mening bekatim.

Train

train	**поезд** poezd
train de banlieue	**шаҳар атрофига қатнайдиган поезд** shahar atrofiga qatnaydigan poezd
train de grande ligne	**узоққа қатнайдиган поезд** o'zoqqa qatnaydigan poezd
la gare	**вокзал** vokzal
Excusez-moi, où est la sortie vers les quais?	**Кечирасиз, поездларга чиқиш** **қаерда?** Kechirasiz, poezdlarga chiqish qaerda?
Est-ce que ce train va à …?	**Бу поезд …гача борадими?** Bu poezd …gacha boradimi?
le prochain train	**кейинги поезд** keyingi poezd
À quelle heure est le prochain train?	**Кейинги поезд қачон бўлади?** Keyingi poezd qachon bo'ladi?
Où puis-je voir l'horaire?	**Жадвални қаерда кўриш мумкин?** Jadvalni qaerda ko'rish mumkin?
De quel quai?	**Қайси платформадан?** Qaysi platformadan?
À quelle heure arrive le train à …?	**Поезд …га қачон келади?** Poezd …ga qachon keladi?
Pouvez-vous m'aider, s'il vous plaît?	**Ёрдам берворинг, илтимос.** Yordam bervoring, iltimos.
Je cherche ma place.	**Мен ўз жойимни қидираяпман.** Men o'z joyimni qidirayapman.
Nous cherchons nos places.	**Биз жойларимизни қидираяпмиз.** Biz joylarimizni qidirayapmiz.
Ma place est occupée.	**Менинг жойим эгалланибди.** Mening joyim egallanibdi.
Nos places sont occupées.	**Жойларимиз эгалланибди.** Joylarimiz egallanibdi.
Excusez-moi, mais c'est ma place.	**Кечирасиз, аммо бу менинг жойим.** Kechirasiz, ammo bu mening joyim.
Est-ce que cette place est libre?	**Бу жой бўшми?** Bu joy bo'shmi?
Puis-je m'asseoir ici?	**Мен бу ерса ўтира оламанми?** Men bu ersa o'tira olamanmi?

Sur le train - Dialogue (Pas de billet)

Votre billet, s'il vous plaît.

Чиптангизни кўрсатинг, илтимос.
Chiptangizni ko'rsating, iltimos.

Je n'ai pas de billet.

Чиптам йўқ.
Chiptam yo'q.

J'ai perdu mon billet.

Мен чиптамни йўқотиб қўйдим.
Men chiptamni yo'qotib qo'ydim.

J'ai oublié mon billet à la maison.

Мен чиптамни уйда қолдирибман.
Men chiptamni uyda qoldiribman.

Vous pouvez m'acheter un billet.

Чиптани мендан сотиб олишингиз мумкин.
Chiptani mendan sotib olishingiz mumkin.

Vous devrez aussi payer une amende.

Сиз жарима тўлашингизга тўғри келади.
Siz jarima to'lashingizga to'g'ri keladi.

D'accord.

Яхши.
Yaxshi.

Où allez-vous?

Қаерга кетаяпсиз?
Qaerga ketayapsiz?

Je vais à …

Мен ...гача кетаяпман.
Men ...gacha ketayapman.

Combien? Je ne comprend pas.

Қанча? Тушунмаяпман.
Qancha? Tushunmayapman.

Pouvez-vous l'écrire, s'il vous plaît.

Ёзиб беринг, илтимос.
Yozib bering, iltimos.

D'accord. Puis-je payer avec la carte?

Яхши. Мен карточка билан тўлашим мумкинми?
Yaxshi. Men kartochka bilan to'lashim mumkinmi?

Oui, bien sûr.

Ҳа, мумкин.
Ha, mumkin.

Voici votre reçu.

Бу сизнинг квитанциянгиз.
Bu sizning kvitantsiyangiz.

Désolé pour l'amende.

Жаримадан пушаймондаман.
Jarimadan pushaymondaman.

Ça va. C'est de ma faute.

Ҳечқиси йўқ. Бу менинг айбим.
Hechqisi yo'q. Bu mening aybim.

Bon voyage.

Яхши етиб боринг.
Yaxshi etib boring.

Taxi

taxi	**такси** taksi
chauffeur de taxi	**таксичи** taksichi
prendre un taxi	**такси ушламоқ** taksi ushlamoq
arrêt de taxi	**такси бекати** taksi bekati
Où puis-je trouver un taxi?	**Қаердан такси олишим мумкин?** Qaerdan taksi olishim mumkin?
appeler un taxi	**такси чақирмоқ** taksi chaqirmoq
Il me faut un taxi.	**Менга такси керак.** Menga taksi kerak.
maintenant	**Айнан ҳозир.** Aynan hozir.
Quelle est votre adresse?	**Сизнинг манзилингиз?** Sizning manzilingiz?
Mon adresse est …	**Менинг манзилим …** Mening manzilim …
Votre destination?	**Қаерга борасиз?** Qaerga borasiz?
Excusez-moi, …	**Кечирасиз, …** Kechirasiz, …
Vous êtes libre ?	**Бўшмисиз?** Bo'shmisiz?
Combien ça coûte pour aller à …?	**…гача бориш қанча туради?** …gacha borish qancha turadi?
Vous savez où ça se trouve?	**Қаерда эканини биласизми?** Qaerda ekanini bilasizmi?
À l'aéroport, s'il vous plaît.	**Аэропортга, илтимос.** Aeroportga, iltimos.
Arrêtez ici, s'il vous plaît.	**Шу ерда тўхтатинг, илтимос.** Shu erda to'xtating, iltimos.
Ce n'est pas ici.	**Бу ерда эмас.** Bu erda emas.
C'est la mauvaise adresse.	**Бу нотўғри манзил.** Bu noto'g'ri manzil.
tournez à gauche	**Ҳозир чапга.** Hozir chapga.
tournez à droite	**Ҳозир ўнгга.** Hozir o'ngga.

Combien je vous dois?	**Сизга қанча беришим керак?** Sizga qancha berishim kerak?
J'aimerais avoir un reçu, s'il vous plaît.	**Менга чекни беринг, илтимос.** Menga chekni bering, iltimos.
Gardez la monnaie.	**Қайтими кераги йўқ.** Qaytimi keragi yo'q.

Attendez-moi, s'il vous plaît ...	**Мени кутиб туринг, илтимос.** Meni kutib turing, iltimos.
cinq minutes	**беш дақиқа** besh daqiqa
dix minutes	**ўн дақиқа** o'n daqiqa
quinze minutes	**ўн беш дақиқа** o'n besh daqiqa
vingt minutes	**йигирма дақиқа** yigirma daqiqa
une demi-heure	**ярим соат** yarim soat

Hôtel

Bonjour.

Ассалому алайкум.
Assalomu alaykum.

Je m'appelle …

Менинг исмим …
Mening ismim …

J'ai réservé une chambre.

Мен хона банд қилган эдим.
Men xona band qilgan edim.

Je voudrais …

Менга … керак.
Menga … kerak.

une chambre simple

бир ўринли хона
bir o'rinli xona

une chambre double

икки ўринли хона
ikki o'rinli xona

C'est combien?

Қанча туради?
Qancha turadi?

C'est un peu cher.

Бу бироз қиммат.
Bu biroz qimmat.

Avez-vous autre chose?

Сизда яна бирор нарса борми?
Sizda yana biror narsa bormi?

Je vais la prendre.

Мен уни оламан.
Men uni olaman.

Je vais payer comptant.

Мен нақд тўлайман.
Men naqd to'layman.

J'ai un problème.

Менда бир муаммо бор.
Menda bir muammo bor.

Mon … est cassé /Ma … est cassée/

Менинг … бузилган.
Mening … buzilgan.

Mon /Ma/ … ne fonctionne pas.

Менда … ишламаяпти
Menda … ishlamayapti

télé

телевизор
televizor

air conditionné

кондиционер
konditsioner

robinet

кран
kran

douche

душ
dush

évier

чаноқ
chanoq

coffre-fort

сейф
seyf

serrure de porte	**қулф** qulf
prise électrique	**розетка** rozetka
sèche-cheveux	**фен** fen

Je n'ai pas …	**Менда … йўқ.** Menda … yo'q.
d'eau	**сув** suv
de lumière	**нур** nur
d'électricité	**электр ёруғи** elektr yorug'i

Pouvez-vous me donner …?	**Менга … бера оласизми?** Menga … bera olasizmi?
une serviette	**сочиқ** sochiq
une couverture	**адёл** adyol
des pantoufles	**шиппак** shippak
une robe de chambre	**халат** xalat
du shampoing	**шампун** shampun
du savon	**совун** sovun

Je voudrais changer ma chambre.	**Мен хонани алмаштирмоқчи эдим.** Men xonani almashtirmoqchi edim.
Je ne trouve pas ma clé.	**Мен калитимни топа олмаяпман.** Men kalitimni topa olmayapman.
Pourriez-vous ouvrir ma chambre, s'il vous plaît?	**Менга хонани очиб беринг, илтимос.** Menga xonani ochib bering, iltimos.
Qui est là?	**Ким у?** Kim u?
Entrez!	**Киринг!** Kiring!
Une minute!	**Бир дақиқа!** Bir daqiqa!
Pas maintenant, s'il vous plaît.	**Узр, ҳозир эмас.** Uzr, hozir emas.

Pouvez-vous venir à ma chambre, s'il vous plaît.	**Хонамга киринг, илтимос.** Xonamga kiring, iltimos.
J'aimerais avoir le service d'étage.	**Мен хонамга егулик буюрмоқчи эдим.** Men xonamga egulik buyurmoqchi edim.

Mon numéro de chambre est le …	**Хонамнинг рақами …** Xonamning raqami …
Je pars …	**Мен … кетаяпман.** Men … ketayapman.
Nous partons …	**Биз … кетаяпмиз.** Biz … ketayapmiz.
maintenant	**ҳозир** hozir
cet après-midi	**бугун тушликдан кейин** bugun tushlikdan keyin
ce soir	**бугун кечқурун** bugun kechqurun
demain	**эртага** ertaga
demain matin	**эртага эрталаб** ertaga ertalab
demain après-midi	**эртага кечқурун** ertaga kechqurun
après-demain	**эртадан кейин** ertadan keyin

Je voudrais régler mon compte.	**Мен сиз билан ҳисоб-китоб қилмоқчиман.** Men siz bilan hisob-kitob qilmoqchiman.
Tout était merveilleux.	**Ҳаммаси аъло даражада эди.** Hammasi a'lo darajada edi.
Où puis-je trouver un taxi?	**Қаердан такси олишим мумкин?** Qaerdan taksi olishim mumkin?
Pourriez-vous m'appeler un taxi, s'il vous plaît?	**Менга такси чақиртиринг, илтимос.** Menga taksi chaqirtiring, iltimos.

Restaurant

Puis-je voir le menu, s'il vous plaît?
Таомномангизни кўришим мумкинми?
Taomnomangizni ko'rishim mumkinmi?

Une table pour une personne.
Бир кишилик жой.
Bir kishilik joy.

Nous sommes deux (trois, quatre).
Икки (уч, тўрт) кишимиз.
Ikki (uch, to'rt) kishimiz.

Fumeurs
Чекувчилар учун
Chekuvchilar uchun

Non-fumeurs
Чекмайдиганлар учун
Chekmaydiganlar uchun

S'il vous plaît!
Маъзур тутасиз!
Ma'zur tutasiz!

menu
таомнома
taomnoma

carte des vins
винолар картаси
vinolar kartasi

Le menu, s'il vous plaît.
Таомнома беринг, илтимос.
Taomnoma bering, iltimos.

Êtes-vous prêts à commander?
Буюртма беришга тайёрмисиз?
Buyurtma berishga tayyormisiz?

Qu'allez-vous prendre?
Нима буюрасиз?
Nima buyurasiz?

Je vais prendre …
Мен ... хохлайман.
Men ... xohlayman.

Je suis végétarien.
Мен вегетариан.
Men vegetarian.

viande
гўшт
go'sht

poisson
балиқ
baliq

légumes
сабзавот
sabzavot

Avez-vous des plats végétariens?
Вегетариан таомларингиз борми?
Vegetarian taomlaringiz bormi?

Je ne mange pas de porc.
Мен чўчқа гўштини емайман.
Men cho'chqa go'shtini emayman.

Il /elle/ ne mange pas de viande.
У гўшт емайди.
U go'sht emaydi.

Je suis allergique à …	**Менда …га аллергия бор.** Menda …ga allergiya bor.
Pourriez-vous m'apporter …, s'il vous plaît.	**Менга … келтиринг, илтимос.** Menga … keltiring, iltimos.

le sel | le poivre | du sucre	**туз | қалампир | шакар** tuz | qalampir | shakar
un café | un thé | un dessert	**кофе | чой| ширинлик** kofe | choy | shirinlik
de l'eau | gazeuse | plate	**сув | газли | газсиз** suv | gazli | gazsiz
une cuillère | une fourchette | un couteau	**қошиқ | санчқи | пичоқ** qoshiq | sanchqi | pichoq
une assiette | une serviette	**ликопча | салфетка** likopcha | salfetka

Bon appétit!	**Ёқимли иштаҳа!** Yoqimli ishtaha!
Un de plus, s'il vous plaît.	**Яна олиб келинг, илтимос.** Yana olib keling, iltimos.
C'était délicieux.	**Жуда мазали экан.** Juda mazali ekan.

l'addition | de la monnaie | le pourboire	**ҳисоб | қайтим | чойчақа** hisob | qaytim | choychaqa
L'addition, s'il vous plaît.	**Ҳисобни келтиринг, илтимос.** Hisobni keltiring, iltimos.
Puis-je payer avec la carte?	**Мен карточка билан тўлашим мумкинми?** Men kartochka bilan to'lashim mumkinmi?
Excusez-moi, je crois qu'il y a une erreur ici.	**Кечирасиз, бу ерда хато бор.** Kechirasiz, bu erda xato bor.

Shopping. Faire les Magasins

Est-ce que je peux vous aider?
Сизга ёрдам бера оламанми?
Sizga yordam bera olamanmi?

Avez-vous ... ?
Сизда ... борми?
Sizda ... bormi?

Je cherche ...
Мен ... қидираяпман.
Men ... qidirayapman.

Il me faut ...
Менга ... керак.
Menga ... kerak.

Je regarde seulement, merci.
Мен шунчаки томоша қилаяпман.
Men shunchaki tomosha qilayapman.

Nous regardons seulement, merci.
Биз шунчаки томоша қилаяпмиз.
Biz shunchaki tomosha qilayapmiz.

Je reviendrai plus tard.
Кейинроқ кираман.
Keyinroq kiraman.

On reviendra plus tard.
Биз кейинроқ кирамиз.
Biz keyinroq kiramiz.

Rabais | Soldes
камайтирилган нархлар | сотиб тугатиш
kamaytirilgan narxlar | sotib tugatish

Montrez-moi, s'il vous plaît ...
Илтимос, менга ... кўрсатинг.
Iltimos, menga ... ko'rsating.

Donnez-moi, s'il vous plaît ...
Илтимос, менга ... беринг.
Iltimos, menga ... bering.

Est-ce que je peux l'essayer?
Мен буни кийиб кўрсам бўладими?
Men buni kiyib ko'rsam bo'ladimi?

Excusez-moi, où est la cabine d'essayage?
Кечирасиз, кийиб кўриш хонаси қаерда?
Kechirasiz, kiyib ko'rish xonasi qaerda?

Quelle couleur aimeriez-vous?
Қайси рангни истайсиз?
Qaysi rangni istaysiz?

taille | longueur
размер | бўй
razmer | bo'y

Est-ce que la taille convient ?
Тўғри келдими?
To'g'ri keldimi?

Combien ça coûte?
Бу қанча туради?
Bu qancha turadi?

C'est trop cher.
Бу жуда қиммат.
Bu juda qimmat.

Je vais le prendre.

Мен буни оламан.
Men buni olaman.

Excusez-moi, où est la caisse?

Кечирасиз, касса қаерда?
Kechirasiz, kassa qaerda?

Payerez-vous comptant ou par carte de crédit?

Сиз қандай тўлайсиз? Нақдми карточка биланми?
Siz qanday to'laysiz? Naqdmi kartochka bilanmi?

Comptant | par carte de crédit

нақд | карточка
naqd | kartochka

Voulez-vous un reçu?

Сизга чек керакми?
Sizga chek kerakmi?

Oui, s'il vous plaît.

Ҳа, илтимос.
Ha, iltimos.

Non, ce n'est pas nécessaire.

Йўқ, кераги йўқ. Раҳмат.
Yo'q, keragi yo'q. Rahmat.

Merci. Bonne journée!

Раҳмат. Ишларингизга омад!
Rahmat. Ishlaringizga omad!

En ville

Excusez-moi, …	**Кечирасиз, илтимос …** Kechirasiz, iltimos …
Je cherche …	**Мен … қидираяпман.** Men … qidirayapman.
le métro	**метро** metro
mon hôtel	**ўз меҳмонхонамни** o'z mehmonxonamni
le cinéma	**кинотеатр** kinoteatr
un arrêt de taxi	**такси бекатини** taksi bekatini
un distributeur	**банкомат** bankomat
un bureau de change	**валюта алмаштириш жойини** valyuta almashtirish joyini
un café internet	**интернет-кафе** internet-kafe
la rue …	**… кўчасини** … ko'chasini
cette place-ci	**мана бу жойни** mana bu joyni
Savez-vous où se trouve …?	**Сиз … қаерда жойлашганини билмайсизми?** Siz … qaerda joylashganini bilmaysizmi?
Quelle est cette rue?	**Бу кўча нима деб номланади?** Bu ko'cha nima deb nomlanadi?
Montrez-moi où sommes-nous, s'il vous plaît.	**Ҳозир қаерда эканимизни кўрсатиб юборинг.** Hozir qaerda ekanimizni ko'rsatib yuboring.
Est-ce que je peux y aller à pied?	**У ерга пиёда бора оламанми?** U erga piyoda bora olamanmi?
Avez-vous une carte de la ville?	**Сизда шаҳар харитаси борми?** Sizda shahar xaritasi bormi?
C'est combien pour un ticket?	**Кириш чиптаси неча пул туради?** Kirish chiptasi necha pul turadi?
Est-ce que je peux faire des photos?	**Бу ерда суратга тушиш мумкинми?** Bu erda suratga tushish mumkinmi?

Êtes-vous ouvert?

Очиқмисиз?
Ochiqmisiz?

À quelle heure ouvrez-vous?

Соат нечада очасиз?
Soat nechada ochasiz?

À quelle heure fermez-vous?

Соат нечагача ишлайсиз?
Soat nechagacha ishlaysiz?

L'argent

argent	**пул** pul
argent liquide	**нақд пул** naqd pul
des billets	**қоғоз пул** qog'oz pul
petite monnaie	**чақа** chaqa
l'addition | de la monnaie | le pourboire	**ҳисоб | қайтим | чойчақа** hisob | qaytim | choychaqa
carte de crédit	**кредит карточкаси** kredit kartochkasi
portefeuille	**ҳамён** hamyon
acheter	**сотиб олмоқ** sotib olmoq
payer	**тўламоқ** to'lamoq
amende	**жарима** jarima
gratuit	**бепул** bepul
Où puis-je acheter … ?	**Мен қаерда ... сотиб олишим мумкин?** Men qaerda ... sotib olishim mumkin?
Est-ce que la banque est ouverte en ce moment?	**Банк ҳозир очиқми?** Bank hozir ochiqmi?
À quelle heure ouvre-t-elle?	**Соат нечада у очилади?** Soat nechada u ochiladi?
À quelle heure ferme-t-elle?	**Соат нечагача у ишлайди?** Soat nechagacha u ishlaydi?
C'est combien?	**Қанча?** Qancha?
Combien ça coûte?	**Бу қанча туради?** Bu qancha turadi?
C'est trop cher.	**Бу жуда қиммат.** Bu juda qimmat.
Excusez-moi, où est la caisse?	**Кечирасиз, касса қаерда?** Kechirasiz, kassa qaerda?

L'addition, s'il vous plaît.

Ҳисобни келтиринг, илтимос.
Hisobni keltiring, iltimos.

Puis-je payer avec la carte?

**Мен карточка билан тўлашим
мумкинми?**
Men kartochka bilan to'lashim
mumkinmi?

Est-ce qu'il y a un distributeur ici?

Бу ерда банкомат борми?
Bu erda bankomat bormi?

Je cherche un distributeur.

Менга банкомат керак.
Menga bankomat kerak.

Je cherche un bureau de change.

**Мен пул алмаштирадиган
жой қидираяпман.**
Men pul almashtiradigan
joy qidirayapman.

Je voudrais changer ...

Мен ... алмаштириб олмоқчиман.
Men ... almashtirib olmoqchiman.

Quel est le taux de change?

Алмаштириш курси қанақа?
Almashtirish kursi qanaqa?

Avez-vous besoin de mon passeport?

Сизга паспортим керакми?
Sizga pasportim kerakmi?

Le temps

Quelle heure est-il?	**Соат неча бўлди?** Soat necha bo'ldi?
Quand?	**Қачон?** Qachon?
À quelle heure?	**Соат нечада?** Soat nechada?
maintenant | plus tard | après …	**ҳозир | кейинроқ | кейин …** hozir | keyinroq | keyin …
une heure	**кундузги бир** kunduzgi bir
une heure et quart	**биру ўн беш** biru o'n besh
une heure et demie	**биру ўттиз** biru o'ttiz
deux heures moins quart	**ўн бешта кам икки** o'n beshta kam ikki
un | deux | trois	**бир | икки | уч** bir | ikki | uch
quatre | cinq | six	**тўрт | беш | олти** to'rt | besh | olti
sept | huit | neuf	**етти | саккиз | тўққиз** etti | sakkiz | to'qqiz
dix | onze | douze	**ўн | ўн бир | ўн икки** o'n | o'n bir | o'n ikki
dans …	**… дан кейин** … dan keyin
cinq minutes	**беш дақиқа** besh daqiqa
dix minutes	**ўн дақиқа** o'n daqiqa
quinze minutes	**ўн беш дақиқа** o'n besh daqiqa
vingt minutes	**йигирма дақиқа** yigirma daqiqa
une demi-heure	**ярим соат** yarim soat
une heure	**бир соат** bir soat

dans la matinée	**эрталаб**
	ertalab
tôt le matin	**тонг саҳарда**
	tong saharda
ce matin	**бугун эрталаб**
	bugun ertalab
demain matin	**эртага эрталаб**
	ertaga ertalab
à midi	**тушлик пайтида**
	tushlik paytida
dans l'après-midi	**тушликдан кейин**
	tushlikdan keyin
dans la soirée	**кечқурун**
	kechqurun
ce soir	**бугун кечқурун**
	bugun kechqurun
la nuit	**кечаси**
	kechasi
hier	**кеча**
	kecha
aujourd'hui	**бугун**
	bugun
demain	**эртага**
	ertaga
après-demain	**эртадан кейин**
	ertadan keyin
Quel jour sommes-nous aujourd'hui?	**Бугун қайси кун?**
	Bugun qaysi kun?
Nous sommes ...	**Бугун ...**
	Bugun ...
lundi	**душанба**
	dushanba
mardi	**сешанба**
	seshanba
mercredi	**чоршанба**
	chorshanba
jeudi	**пайшанба**
	payshanba
vendredi	**жума**
	juma
samedi	**шанба**
	shanba
dimanche	**якшанба**
	yakshanba

Salutations - Introductions

Bonjour.
Ассалому алайкум.
Assalomu alaykum.

Enchanté /Enchantée/
Танишганимдан хурсандман.
Tanishganimdan xursandman.

Moi aussi.
Мен ҳам.
Men ham.

Je voudrais vous présenter ...
Танишинг. Бу ...
Tanishing. Bu ...

Ravi /Ravie/ de vous rencontrer.
Жуда хурсандман.
Juda xursandman.

Comment allez-vous?
Қалайсиз? Ишларингиз қалай?
Qalaysiz? Ishlaringiz qalay?

Je m'appelle ...
Менинг исмим ...
Mening ismim ...

Il s'appelle ...
Унинг исми ...
Uning ismi ...

Elle s'appelle ...
Унинг исми ...
Uning ismi ...

Comment vous appelez-vous?
Исмингиз нима?
Ismingiz nima?

Quel est son nom?
Унинг исми нима?
Uning ismi nima?

Quel est son nom?
Унинг исми нима?
Uning ismi nima?

Quel est votre nom de famille?
Фамилиянгиз нима?
Familiyangiz nima?

Vous pouvez m'appeler ...
Мени ... деб чақиришингиз мумкин.
Meni ... deb chaqirishingiz mumkin.

D'où êtes-vous?
Қаердансиз?
Qaerdansiz?

Je suis de ...
Мен ...дан.
Men ...dan.

Qu'est-ce que vous faites dans la vie?
Ким бўлиб ишлайсиз?
Kim bo'lib ishlaysiz?

Qui est-ce?
Ким бу?
Kim bu?

Qui est-il?
Ким у?
Kim u?

Qui est-elle?
Ким у?
Kim u?

Qui sont-ils?	**Ким улар?** Kim ular?
C'est ...	**Бу ...** Bu ...
mon ami	**менинг дўстим** mening do'stim
mon amie	**менинг дугонам** mening dugonam
mon mari	**менинг эрим** mening erim
ma femme	**менинг рафиқам** mening rafiqam
mon père	**менинг отам** mening otam
ma mère	**менинг онам** mening onam
mon frère	**менинг акам** mening akam
ma sœur	**менинг синглим** mening singlim
mon fils	**менинг ўғлим** mening o'g'lim
ma fille	**менинг қизим** mening qizim
C'est notre fils.	**Бу бизнинг ўғлимиз.** Bu bizning o'g'limiz.
C'est notre fille.	**Бу бизнинг қизимиз.** Bu bizning qizimiz.
Ce sont mes enfants.	**Бу менинг болаларим.** Bu mening bolalarim.
Ce sont nos enfants.	**Бу бизнинг болаларимиз.** Bu bizning bolalarimiz.

Les adieux

Au revoir!	**Кўришгунча!** Ko'rishguncha!
Salut!	**Хайр!** Xayr!
À demain.	**Эртагача.** Ertagacha.
À bientôt.	**Учрашгунча.** Uchrashguncha.
On se revoit à sept heures.	**Соат еттида учрашамиз.** Soat ettida uchrashamiz.

Amusez-vous bien!	**Дам олинг!** Dam oling!
On se voit plus tard.	**Кейинроқ гаплашамиз.** Keyinroq gaplashamiz.
Bonne fin de semaine.	**Дам олиш кунларини яхши ўтказинг.** Dam olish kunlarini yaxshi o'tkazing.
Bonne nuit.	**Хайрли кеч.** Xayrli kech.

Il est l'heure que je parte.	**Вақт бўлди.** Vaqt bo'ldi.
Je dois m'en aller.	**Боришим керак.** Borishim kerak.
Je reviens tout de suite.	**Ҳозир қайтиб келаман.** Hozir qaytib kelaman.

Il est tard.	**Кеч бўлди.** Kech bo'ldi.
Je dois me lever tôt.	**Барвақт туришим керак.** Barvaqt turishim kerak.
Je pars demain.	**Мен эртага кетаман.** Men ertaga ketaman.
Nous partons demain.	**Биз эртага кетамиз.** Biz ertaga ketamiz.

Bon voyage!	**Оқ йўл!** Oq yo'l!
Enchanté de faire votre connaissance.	**Танишганимдан хурсандман.** Tanishganimdan xursandman.
Heureux /Heureuse/ d'avoir parlé avec vous.	**Сиз билан гаплашгандан хурсандман.** Siz bilan gaplashgandan xursandman.

Merci pour tout.

Ҳаммаси учун раҳмат.
Hammasi uchun rahmat.

Je me suis vraiment amusé /amusée/

Мен ажойиб вақт ўтказдим.
Men ajoyib vaqt o'tkazdim.

Nous nous sommes vraiment
amusés /amusées/

Биз ажойиб вақт ўтказдик.
Biz ajoyib vaqt o'tkazdik.

C'était vraiment plaisant.

Ҳаммаси ажойиб.
Hammasi ajoyib.

Vous allez me manquer.

Соғиниб қоламан.
Sog'inib qolaman.

Vous allez nous manquer.

Соғиниб қоламиз.
Sog'inib qolamiz.

Bonne chance!

Омад! Яхши қолинг!
Omad! Yaxshi qoling!

Mes salutations à ...

...га салом айтинг!
...ga salom ayting!

Une langue étrangère

Je ne comprends pas.	**Мен тушунмаяпман.** Men tushunmayapman.
Écrivez-le, s'il vous plaît.	**Буни ёзиб беринг.** Buni yozib bering.
Parlez-vous ...?	**Сиз ...чани биласизми?** Siz ...chani bilasizmi?
Je parle un peu ...	**Мен бироз ...ча биламан.** Men biroz ...cha bilaman.
anglais	**инглиз** ingliz
turc	**турк** turk
arabe	**араб** arab
français	**француз** frantsuz
allemand	**немис** nemis
italien	**италян** italyan
espagnol	**испан** ispan
portugais	**португал** portugal
chinois	**хитой** xitoy
japonais	**япон** yapon
Pouvez-vous le répéter, s'il vous plaît.	**Такрорлаб юборинг, илтимос.** Takrorlab yuboring, iltimos.
Je comprends.	**Тушундим.** Tushundim.
Je ne comprends pas.	**Мен тушунмаяпман.** Men tushunmayapman.
Parlez plus lentement, s'il vous plaît.	**Секинроқ гапиринг, илтимос.** Sekinroq gapiring, iltimos.
Est-ce que c'est correct?	**Бу тўғрими?** Bu to'g'rimi?
Qu'est-ce que c'est?	**Бу нима?** Bu nima?

Les excuses

Excusez-moi, s'il vous plaît.	**Кечиринг, илтимос.** Kechiring, iltimos.
Je suis désolé /désolée/	**Мен пушаймон еяпман.** Men pushaymon eyapman.
Je suis vraiment /désolée/	**Ачинарли хол.** Achinarli hol.
Désolé /Désolée/, c'est ma faute.	**Айбдорман, бу менинг айбим.** Aybdorman, bu mening aybim.
Au temps pour moi.	**Менинг айбим.** Mening aybim.
Puis-je … ?	**… қила оламанми?** … qila olamanmi?
Ça vous dérange si je …?	**Агарда мен … қарши эмасмисиз?** Agarda men … qarshi emasmisiz?
Ce n'est pas grave.	**Ҳечқиси йўқ.** Hechqisi yo'q.
Ça va.	**Ҳаммаси жойида.** Hammasi joyida.
Ne vous inquiétez pas.	**Ташвишланманг.** Tashvishlanmang.

Les accords

Oui	**Ха.** Ha.
Oui, bien sûr.	**Ха, албатта.** Ha, albatta.
Bien.	**Яхши!** Yaxshi!
Très bien.	**Жуда яхши.** Juda yaxshi.
Bien sûr!	**Албатта!** Albatta!
Je suis d'accord.	**Мен розиман.** Men roziman.
C'est correct.	**Тўғри.** To'g'ri.
C'est exact.	**Худди шундай.** Xuddi shunday.
Vous avez raison.	**Хақсиз.** Haqsiz.
Je ne suis pas contre.	**Қарши эмасман.** Qarshi emasman.
Tout à fait correct.	**Мутлақо тўғри.** Mutlaqo to'g'ri.
C'est possible.	**Бу мумкин.** Bu mumkin.
C'est une bonne idée.	**Бу яхши фикр.** Bu yaxshi fikr.
Je ne peux pas dire non.	**Рад жавобини бера олмайман.** Rad javobini bera olmayman.
J'en serai ravi /ravie/	**Хурсанд бўлар эдим.** Xursand bo'lar edim.
Avec plaisir.	**Жоним билан.** Jonim bilan.

Refus, exprimer le doute

Non
Йўқ.
Yo'q.

Absolument pas.
Албатта йўқ.
Albatta yo'q.

Je ne suis pas d'accord.
Мен рози эмасман.
Men rozi emasman.

Je ne le crois pas.
Мен бундай деб ўйламайман.
Men bunday deb o'ylamayman.

Ce n'est pas vrai.
Бу нотўғри.
Bu noto'g'ri.

Vous avez tort.
Сиз ноҳақ.
Siz nohaq.

Je pense que vous avez tort.
Сиз ноҳақсиз, деб ўйлайман.
Siz nohaqsiz, deb o'ylayman.

Je ne suis pas sûr /sûre/
Иккиланаяпман.
Ikkilanayapman.

C'est impossible.
Бунинг бўлиши мумкин эмас.
Buning bo'lishi mumkin emas.

Pas du tout!
Асло ундай эмас!
Aslo unday emas!

Au contraire!
Аксинча!
Aksincha!

Je suis contre.
Мен қаршиман.
Men qarshiman.

Ça m'est égal.
Менга барибир.
Menga baribir.

Je n'ai aucune idée.
Билмайман.
Bilmayman.

Je doute que cela soit ainsi.
Бундай бўлишига шубҳам бор.
Bunday bo'lishiga shubham bor.

Désolé /Désolée/, je ne peux pas.
Кечирасиз, имконим йўқ.
Kechirasiz, imkonim yo'q.

Désolé /Désolée/, je ne veux pas.
Кечирасиз, мен истамайман.
Kechirasiz, men istamayman.

Merci, mais ça ne m'intéresse pas.
Раҳмат, бунинг менга кераги йўқ.
Rahmat, buning menga keragi yo'q.

Il se fait tard.
Кеч бўлди.
Kech bo'ldi.

Je dois me lever tôt.

Барвақт туришим керак.
Barvaqt turishim kerak.

Je ne me sens pas bien.

Ўзимни ёмон ҳис этаяпман.
O'zimni yomon his etayapman.

Exprimer la gratitude

Merci.	**Раҳмат.** Rahmat.
Merci beaucoup.	**Катта раҳмат.** Katta rahmat.

Je l'apprécie beaucoup.	**Ташаккур.** Tashakkur.
Je vous suis très reconnaissant.	**Сиздан миннатдорман.** Sizdan minnatdorman.
Nous vous sommes très reconnaissant.	**Сиздан миннатдормиз.** Sizdan minnatdormiz.

Merci pour votre temps.	**Вақтингизни сарфлаганингиз учун ташаккур.** Vaqtingizni sarflaganingiz uchun tashakkur.
Merci pour tout.	**Ҳаммаси учун раҳмат.** Hammasi uchun rahmat.
Merci pour ...	**... учун раҳмат.** ... uchun rahmat.

votre aide	**Ёрдамингиз** Yordamingiz
les bons moments passés	**яхши вақт ўтказганимиз** yaxshi vaqt o'tkazganimiz

un repas merveilleux	**ажойиб овқат** ajoyib ovqat
cette agréable soirée	**мароқли оқшом** maroqli oqshom
cette merveilleuse journée	**ғаройиб кун** g'aroyib kun
une excursion extraordinaire	**қизиқарли экскурсия** qiziqarli ekskursiya

Il n'y a pas de quoi.	**Арзимайди.** Arzimaydi.
Vous êtes les bienvenus.	**Миннатдорчиликка арзимайди.** Minnatdorchilikka arzimaydi.
Mon plaisir.	**Марҳамат қилинг.** Marhamat qiling.
J'ai été heureux /heureuse/ de vous aider.	**Ёрдамим текканидан хурсандман.** Yordamim tekkanidan xursandman.

Ça va. N'y pensez plus.

Эсдан чиқаринг. Ҳаммаси жойида.
Esdan chiqaring. Hammasi joyida.

Ne vous inquiétez pas.

Ташвишланманг.
Tashvishlanmang.

Félicitations. Vœux de fête

Félicitations!	**Табриклайман!** Tabriklayman!
Joyeux anniversaire!	**Туғилган кунингиз билан!** Tug'ilgan kuningiz bilan!
Joyeux Noël!	**Рождество муборак!** Rojdestvo muborak!
Bonne Année!	**Янги йилингиз билан!** Yangi yilingiz bilan!
Joyeuses Pâques!	**Ёрқин Пасха муборак!** Yorqin Pasxa muborak!
Joyeux Hanoukka!	**Хайрли Хануки!** Xayrli Xanuki!
Je voudrais proposer un toast.	**Менда тост бор.** Menda tost bor.
Santé!	**Соғлигингиз учун!** Sog'ligingiz uchun!
Buvons à …!	**… учун ичайлик!** … uchun ichaylik!
À notre succès!	**Омадимиз учун!** Omadimiz uchun!
À votre succès!	**Омадингиз учун!** Omadingiz uchun!
Bonne chance!	**Омад!** Omad!
Bonne journée!	**Хайрли кун!** Xayrli kun!
Passez de bonnes vacances !	**Яхши дам олинг!** Yaxshi dam oling!
Bon voyage!	**Оқ йўл!** Oq yo'l!
Rétablissez-vous vite.	**Тезроқ соғайиб кетинг!** Tezroq sog'ayib keting!

Socialiser

Pourquoi êtes-vous si triste?	**Нимадан хафасиз?** Nimadan xafasiz?
Souriez!	**Жилмайинг!** Jilmaying!
Êtes-vous libre ce soir?	**Бугун кечга бўшмисиз?** Bugun kechga bo'shmisiz?

Puis-je vous offrir un verre?	**Сизга ичиш таклиф эта оламанми?** Sizga ichish taklif eta olamanmi?
Voulez-vous danser?	**Рақсга тушмайсизми?** Raqsga tushmaysizmi?
Et si on va au cinéma?	**Балким кинога борармиз?** Balkim kinoga borarmiz?

Puis-je vous inviter …	**Сизни ...га таклиф этишим мумкинми?** Sizni ...ga taklif etishim mumkinmi?
au restaurant	**ресторан** restoran
au cinéma	**кино** kino
au théâtre	**театр** teatr
pour une promenade	**сайр** sayr

À quelle heure?	**Соат нечада?** Soat nechada?
ce soir	**бугун кечга** bugun kechga
à six heures	**соат олтига** soat oltiga
à sept heures	**соат еттига** soat ettiga
à huit heures	**соат саккизга** soat sakkizga
à neuf heures	**соат тўққизга** soat to'qqizga

Est-ce que vous aimez cet endroit?	**Сизга бу ер ёқадими?** Sizga bu er yoqadimi?
Êtes-vous ici avec quelqu'un?	**Сиз бу ерда ким биландирмисиз?** Siz bu erda kim bilandirmisiz?

Je suis avec mon ami.	**Мен дўстим /дугонам/ билан.** Men do'stim /dugonam/ bilan.
Je suis avec mes amis.	**Мен дўстларим билан.** Men do'stlarim bilan.
Non, je suis seul /seule/	**Мен бир ўзим.** Men bir o'zim.

As-tu un copain?	**Сенда дўстинг борми?** Senda do'sting bormi?
J'ai un copain.	**Менда дўстим бор.** Menda do'stim bor.
As-tu une copine?	**Сенда яхши кўрган қизинг борми?** Senda yaxshi ko'rgan qizing bormi?
J'ai une copine.	**Менда яхши кўрган қизим бор.** Menda yaxshi ko'rgan qizim bor.

Est-ce que je peux te revoir?	**Биз яна учрашамизми?** Biz yana uchrashamizmi?
Est-ce que je peux t'appeler?	**Сенга қўнғироқ қилсам бўладими?** Senga qo'ng'iroq qilsam bo'ladimi?
Appelle-moi.	**Менга қўнғироқ қил.** Menga qo'ng'iroq qil.
Quel est ton numéro?	**Рақамларинг қанақа?** Raqamlaring qanaqa?
Tu me manques.	**Мен сени соғимдим.** Men seni sog'imdim.

Vous avez un très beau nom.	**Исмингиз жуда чиройли экан.** Ismingiz juda chiroyli ekan.
Je t'aime.	**Мен сени севаман.** Men seni sevaman.
Veux-tu te marier avec moi?	**Менга турмушга чиқ.** Menga turmushga chiq.
Vous plaisantez!	**Ҳазиллашаяпсиз!** Hazillashayapsiz!
Je plaisante.	**Мен шунчаки ҳазиллашаяпман.** Men shunchaki hazillashayapman.

Êtes-vous sérieux /sérieuse/?	**Жиддий гапираяпсизми?** Jiddiy gapirayapsizmi?
Je suis sérieux /sérieuse/	**Жиддий гапираяпман.** Jiddiy gapirayapman.
Vraiment?!	**Ростми?!** Rostmi?!
C'est incroyable!	**Бунинг бўлиши мумкин эмас!** Buning bo'lishi mumkin emas!
Je ne vous crois pas.	**Сизга ишонмайман.** Sizga ishonmayman.
Je ne peux pas.	**Мен қила олмайман.** Men qila olmayman.
Je ne sais pas.	**Билмайман.** Bilmayman.

Je ne vous comprends pas

Мен сизни тушунмаяпман.
Men sizni tushunmayapman.

Laissez-moi! Allez-vous-en!

Кетинг, илтимос.
Keting, iltimos.

Laissez-moi tranquille!

Мени тинч қўйинг!
Meni tinch qo'ying!

Je ne le supporte pas.

Мен уни кўра олмайман.
Men uni ko'ra olmayman.

Vous êtes dégoûtant!

Сиз жирканчсиз!
Siz jirkanchsiz!

Je vais appeler la police!

Мен полиция чақиртираман!
Men politsiya chaqirtiraman!

Partager des impressions. Émotions

J'aime ça.	**Менга бу ёқаяпти.** Menga bu yoqayapti.
C'est gentil.	**Жуда ёқимли.** Juda yoqimli.
C'est super!	**Бу зўр!** Bu zo'r!
C'est assez bien.	**Ёмон эмас.** Yomon emas.
Je n'aime pas ça.	**Менга бу ёқмаяпти.** Menga bu yoqmayapti.
Ce n'est pas bien.	**Бу яхши эмас.** Bu yaxshi emas.
C'est mauvais.	**Бу ёмон.** Bu yomon.
Ce n'est pas bien du tout.	**Бу жуда ёмон.** Bu juda yomon.
C'est dégoûtant.	**Бу жирканч.** Bu jirkanch.
Je suis content /contente/	**Мен бахтлиман.** Men baxtliman.
Je suis heureux /heureuse/	**Мен мамнунман.** Men mamnunman.
Je suis amoureux /amoureuse/	**Мен севиб қолдим.** Men sevib qoldim.
Je suis calme.	**Мен тинчман.** Men tinchman.
Je m'ennuie.	**Менга зерикарли.** Menga zerikarli.
Je suis fatigué /fatiguée/	**Мен чарчадим.** Men charchadim.
Je suis triste.	**Мен хафаман.** Men xafaman.
J'ai peur.	**Мен қўрқиб кетдим.** Men qo'rqib ketdim.
Je suis fâché /fâchée/	**Жаҳлим чиқаяпти.** Jahlim chiqayapti.
Je suis inquiet /inquiète/	**Мен ҳаяжондаман.** Men hayajondaman.
Je suis nerveux /nerveuse/	**Мен асабийлашаяпман.** Men asabiylashayapman.

Je suis jaloux /jalouse/	**Мен ҳасад қилаяпман.** Men hasad qilayapman.
Je suis surpris /surprise/	**Мен ҳайронман.** Men hayronman.
Je suis gêné /gênée/	**Бошим қотиб қолди.** Boshim qotib qoldi.

Problèmes. Accidents

J'ai un problème.	**Менда бир муаммо бор.** Menda bir muammo bor.
Nous avons un problème.	**Бизда муаммо бор.** Bizda muammo bor.
Je suis perdu /perdue/	**Мен адашиб қолдим.** Men adashib qoldim.
J'ai manqué le dernier bus (train).	**Мен охирги автобусга (поездга) кеч қолдим.** Men oxirgi avtobusga (poezdga) kech qoldim.
Je n'ai plus d'argent.	**Менда умуман пулим қолмади.** Menda umuman pulim qolmadi.
J'ai perdu mon ...	**Мен ... йўқотиб қўйдим.** Men ... yo'qotib qo'ydim.
On m'a volé mon ...	**Менда ...ни ўғирлашди.** Menda ...ni o'g'irlashdi.
passeport	**паспорт** pasport
portefeuille	**ҳамён** hamyon
papiers	**ҳужжат** hujjat
billet	**чипта** chipta
argent	**пул** pul
sac à main	**сумка** sumka
appareil photo	**фотоаппарат** fotoapparat
portable	**ноутбук** noutbuk
ma tablette	**планшет** planshet
mobile	**телефон** telefon
Au secours!	**Ёрдам беринг!** Yordam bering!
Qu'est-il arrivé?	**Нима бўлди?** Nima bo'ldi?

un incendie	**ёнғин** yong'in
des coups de feu	**отишма** otishma
un meurtre	**қотиллик** qotillik
une explosion	**портлаш** portlash
une bagarre	**муштлашув** mushtlashuv

Appelez la police!	**Полиция чақиртиринг!** Politsiya chaqirtiring!
Dépêchez-vous, s'il vous plaît!	**Илтимос, тезроқ!** Iltimos, tezroq!
Je cherche le commissariat de police.	**Мен полиция участкасини қидираяпман.** Men politsiya uchastkasini qidirayapman.
Il me faut faire un appel.	**Қўнғироқ қилишим керак.** Qo'ng'iroq qilishim kerak.
Puis-je utiliser votre téléphone?	**Қўнғироқ қилсам бўладими?** Qo'ng'iroq qilsam bo'ladimi?

J'ai été …	**Мени …** Meni …
agressé /agressée/	**тунашди** tunashdi
volé /volée/	**ўғирлашди** o'g'irlashdi
violée	**зўрлашди** zo'rlashdi
attaqué /attaquée/	**калтаклашди** kaltaklashdi

Est-ce que ça va?	**Аҳволингиз яхшими?** Ahvolingiz yaxshimi?
Avez-vous vu qui c'était?	**Сиз улар кимлигини кўрдингизми?** Siz ular kimligini ko'rdingizmi?
Pourriez-vous reconnaître cette personne?	**Сиз уни таний оласизми?** Siz uni taniy olasizmi?
Vous êtes sûr?	**Ишончингиз комилми?** Ishonchingiz komilmi?

Calmez-vous, s'il vous plaît.	**Илтимос, тинчланинг.** Iltimos, tinchlaning.
Calmez-vous!	**Ҳовлиқмасдан!** Hovliqmasdan!
Ne vous inquiétez pas.	**Ташвишланманг.** Tashvishlanmang.
Tout ira bien.	**Ҳаммаси жойида бўлади.** Hammasi joyida bo'ladi.

Ça va. Tout va bien.

Ҳаммаси жойида.
Hammasi joyida.

Venez ici, s'il vous plaît.

Олдимга келинг, илтимос.
Oldimga keling, iltimos.

J'ai des questions à vous poser.

Сизга бир нечта саволим бор.
Sizga bir nechta savolim bor.

Attendez un moment, s'il vous plaît.

Тўхтаб туринг, илтимос.
To'xtab turing, iltimos.

Avez-vous une carte d'identité?

Ҳужжатларингиз борми?
Hujjatlaringiz bormi?

Merci. Vous pouvez partir maintenant.

Раҳмат. Боришингиз мумкин.
Rahmat. Borishingiz mumkin.

Les mains derrière la tête!

Қўлингизни бошингиз орқасига қилинг!
Qo'lingizni boshingiz orqasiga qiling!

Vous êtes arrêté!

Сиз ҳибс этилдингиз!
Siz hibs etildingiz!

Problèmes de santé

Aidez-moi, s'il vous plaît.
Илтимос, ёрдам беринг.
Iltimos, yordam bering.

Je ne me sens pas bien.
Аҳволим ёмон.
Ahvolim yomon.

Mon mari ne se sent pas bien.
Эримнинг аҳволи ёмон.
Erimning ahvoli yomon.

Mon fils ...
Ўғлимнинг ...
O'g'limning ...

Mon père ...
Отамнинг ...
Otamning ...

Ma femme ne se sent pas bien.
Рафиқамнинг аҳволи ёмон.
Rafiqamning ahvoli yomon.

Ma fille ...
Қизимнинг ...
Qizimning ...

Ma mère ...
Онамнинг ...
Onamning ...

J'ai mal ...
Менинг ... оғрияпти.
Mening ... og'riyapti.

à la tête
бошим
boshim

à la gorge
томоғим
tomog'im

à l'estomac
қорним
qornim

aux dents
тишим
tishim

J'ai le vertige.
Бошим айланаяпти.
Boshim aylanayapti.

Il a de la fièvre.
Унинг иситмаси бор.
Uning isitmasi bor.

Elle a de la fièvre.
Унинг иситмаси бор.
Uning isitmasi bor.

Je ne peux pas respirer.
Нафасим қисилаяпти.
Nafasim qisilayapti.

J'ai du mal à respirer.
Нафасим бўғилаяпти.
Nafasim bo'g'ilayapti.

Je suis asthmatique.
Мен астматик.
Men astmatik.

Je suis diabétique.
Мен диабетик.
Men diabetik.

Je ne peux pas dormir.	**Мени уйқусизлик қийнаяпти.** Meni uyqusizlik qiynayapti.
intoxication alimentaire	**овқатдан заҳарланиш** ovqatdan zaharlanish

Ça fait mal ici.	**Бу ерим оғрияпти.** Bu erim og'riyapti.
Aidez-moi!	**Ёрдам беринг!** Yordam bering!
Je suis ici!	**Мен бу ерда!** Men bu erda!
Nous sommes ici!	**Биз бу ерда!** Biz bu erda!
Sortez-moi d'ici!	**Мени чиқариб олинг!** Meni chiqarib oling!
J'ai besoin d'un docteur.	**Менга врач керак.** Menga vrach kerak.
Je ne peux pas bouger!	**Мен қимирлай олмаяпман.** Men qimirlay olmayapman.
Je ne peux pas bouger mes jambes.	**Оёқларимни сезмаяпман.** Oyoqlarimni sezmayapman.

Je suis blessé /blessée/	**Мен ярадорман.** Men yaradorman.
Est-ce que c'est sérieux?	**Бу жиддийми?** Bu jiddiymi?
Mes papiers sont dans ma poche.	**Хужжатларим чўнтагимда.** Hujjatlarim cho'ntagimda.
Calmez-vous!	**Тинчланинг!** Tinchlaning!
Puis-je utiliser votre téléphone?	**Кўнгироқ қилсам бўладими?** Qo'ng'iroq qilsam bo'ladimi?

Appelez une ambulance!	**Тез ёрдам чақиринг!** Tez yordam chaqiring!
C'est urgent!	**Бу зарур!** Bu zarur!
C'est une urgence!	**Бу жуда зарур!** Bu juda zarur!
Dépêchez-vous, s'il vous plaît!	**Илтимос, тезроқ!** Iltimos, tezroq!
Appelez le docteur, s'il vous plaît.	**Врачни чақиртиринг, илтимос.** Vrachni chaqirtiring, iltimos.
Où est l'hôpital?	**Шифохонанинг қаердалигини айтиб юборинг?** Shifoxonaning qaerdaligini aytib yuboring?

Comment vous sentez-vous?	**Ўзингизни қандай ҳис этаяпсиз?** O'zingizni qanday his etayapsiz?
Est-ce que ça va?	**Аҳволингиз яхшими?** Ahvolingiz yaxshimi?

Qu'est-il arrivé?	**Нима бўлди?** Nima bo'ldi?
Je me sens mieux maintenant.	**Аҳволим бироз дуруст.** Ahvolim biroz durust.
Ça va. Tout va bien.	**Ҳаммаси жойида.** Hammasi joyida.
Ça va.	**Ҳаммаси яхши.** Hammasi yaxshi.

À la pharmacie

pharmacie	**дорихона** dorixona
pharmacie 24 heures	**туну-кун ишлайдиган дорихона** tunu-kun ishlaydigan dorixona
Où se trouve la pharmacie la plus proche?	**Энг яқин дорихона қаерда?** Eng yaqin dorixona qaerda?
Est-elle ouverte en ce moment?	**У ҳозир очиқми?** U hozir ochiqmi?
À quelle heure ouvre-t-elle?	**У нечада очилади?** U nechada ochiladi?
à quelle heure ferme-t-elle?	**У соат нечагача ишлайди?** U soat nechagacha ishlaydi?
C'est loin?	**Бу узоқми?** Bu uzoqmi?
Est-ce que je peux y aller à pied?	**У ерга пиёда бора оламанми?** U erga piyoda bora olamanmi?
Pouvez-vous me le montrer sur la carte?	**Илтимос, харитада кўрсатиб юборинг.** Iltimos, xaritada ko'rsatib yuboring.
Pouvez-vous me donner quelque chose contre …	**Менга … бирор нарса беринг.** Menga … biror narsa bering.
le mal de tête	**бош оғриқдан** bosh og'riqdan
la toux	**йўталдан** yo'taldan
le rhume	**шамоллашдан** shamollashdan
la grippe	**тумовдан** tumovdan
la fièvre	**ҳароратдан** haroratdan
un mal d'estomac	**ошқозон оғриғидан** oshqozon og'rig'idan
la nausée	**кўнгил айнишидан** ko'ngil aynishidan
la diarrhée	**ич оғриғидан** ich og'rig'idan
la constipation	**ич қотишидан** ich qotishidan

un mal de dos	**бел оғриғидан** bel og'rig'idan
les douleurs de poitrine	**кўкрак оғриғидан** ko'krak og'rig'idan
les points de côté	**биқин оғриғидан** biqin og'rig'idan
les douleurs abdominales	**қорин оғриғидан** qorin og'rig'idan
une pilule	**таблетка** tabletka
un onguent, une crème	**малҳам, крем** malham, krem
un sirop	**шарбат** sharbat
un spray	**спрей** sprey
les gouttes	**томчилар** tomchilar
Vous devez allez à l'hôpital.	**Сиз шифохонага боришингиз керак.** Siz shifoxonaga borishingiz kerak.
assurance maladie	**кафолат** kafolat
prescription	**дори қоғоз** dori qog'oz
produit anti-insecte	**ҳашаротга қарши восита** hasharotga qarshi vosita
bandages adhésifs	**лейкопластир** leykoplastir

Les essentiels

Excusez-moi, … | **Кечирасиз, …**
Kechirasiz, …

Bonjour | **Ассалому алайкум.**
Assalomu alaykum.

Merci | **Раҳмат.**
Rahmat.

Au revoir | **Кўришгунча.**
Ko'rishguncha.

Oui | **Ҳа.**
Ha.

Non | **Йўқ.**
Yo'q.

Je ne sais pas. | **Билмайман.**
Bilmayman.

Où? | Où? | Quand? | **Қаерда? | Қаерга? | Қачон?**
Qaerda? | Qaerga? | Qachon?

J'ai besoin de … | **Менга … керак.**
Menga … kerak.

Je veux … | **Мен … хоҳлайман.**
Men … xohlayman.

Avez-vous … ? | **Сизда … борми?**
Sizda … bormi?

Est-ce qu'il y a … ici? | **Бу ерда … борми?**
Bu erda … bormi?

Puis-je … ? | **Мен … бўладими?**
Men … bo'ladimi?

s'il vous plaît (pour une demande) | **Марҳамат қилиб**
Marhamat qilib

Je cherche … | **Мен … қидираяпман.**
Men … qidirayapman.

les toilettes | **ҳожатхона**
hojatxona

un distributeur | **банкомат**
bankomat

une pharmacie | **дорихона**
dorixona

l'hôpital | **шифохона**
shifoxona

le commissariat de police | **милиция бўлимини**
militsiya bo'limini

une station de métro | **метро**
metro

un taxi	**такси** taksi
la gare	**вокзал** vokzal

Je m'appelle …	**Менинг исмим …** Mening ismim …
Comment vous appelez-vous?	**Исмингиз нима?** Ismingiz nima?
Aidez-moi, s'il vous plaît.	**Менга ёрдам бериб юборинг, илтимос.** Menga yordam berib yuboring, iltimos.
J'ai un problème.	**Менда бир муаммо бор.** Menda bir muammo bor.
Je ne me sens pas bien.	**Аҳволим ёмон.** Ahvolim yomon.
Appelez une ambulance!	**Тез ёрдам чақиринг!** Tez yordam chaqiring!
Puis-je faire un appel?	**Қўнғироқ қилсам бўладими?** Qo'ng'iroq qilsam bo'ladimi?

Excusez-moi.	**Узр, …** Uzr, …
Je vous en prie.	**Арзимайди** Arzimaydi

je, moi	**мен** men
tu, toi	**сен** sen
il	**у** u
elle	**у** u
ils	**улар** ular
elles	**улар** ular
nous	**биз** biz
vous	**сиз** siz
Vous	**Сиз** Siz

ENTRÉE	**КИРИШ** KIRISH
SORTIE	**ЧИҚИШ** CHIQISH
HORS SERVICE | EN PANNE	**ИШЛАМАЙДИ** ISHLAMAYDI

FERMÉ	**ЁПИҚ** YOPIQ
OUVERT	**ОЧИҚ** OCHIQ
POUR LES FEMMES	**АЁЛЛАР УЧУН** AYOLLAR UCHUN
POUR LES HOMMES	**ЭРКАКЛАР УЧУН** ERKAKLAR UCHUN

MINI DICTIONNAIRE

Cette section contient
250 mots, utiles nécessaires
à la communication
quotidienne.
Vous y trouverez le nom
des mois et des jours.
Le dictionnaire contient
aussi des sujets aussi variés
que les couleurs, les unités
de mesure, la famille et plus

T&P Books Publishing

CONTENU DU DICTIONNAIRE

T&P Books Publishing

temps (m)	вақт	vaqt
heure (f)	соат	soat
demi-heure (f)	ярим соат	yarim soat
minute (f)	дақиқа	daqiqa
seconde (f)	сония	soniya
aujourd'hui (adv)	бугун	bugun
demain (adv)	ертага	ertaga
hier (adv)	кеча	kecha
lundi (m)	душанба	dushanba
mardi (m)	сешанба	seshanba
mercredi (m)	чоршанба	chorshanba
jeudi (m)	пайшанба	payshanba
vendredi (m)	жума	juma
samedi (m)	шанба	shanba
dimanche (m)	якшанба	yakshanba
jour (m)	кун	kun
jour (m) ouvrable	иш куни	ish kuni
jour (m) férié	байрам куни	bayram kuni
week-end (m)	дам олиш кунлари	dam olish kunlari
semaine (f)	ҳафта	hafta
la semaine dernière	ўтган ҳафта	o'tgan hafta
la semaine prochaine	келгуси ҳафтада	kelgusi haftada
le matin	ерталаб	ertalab
dans l'après-midi	тушликдан сўнг	tushlikdan so'ng
le soir	кечқурун	kechqurun
ce soir	бугун кечқурун	bugun kechqurun
la nuit	тунда	tunda
minuit (f)	ярим тун	yarim tun
janvier (m)	январ	yanvar
février (m)	феврал	fevral
mars (m)	март	mart
avril (m)	апрел	aprel
mai (m)	май	may
juin (m)	июн	iyun
juillet (m)	июл	iyul
août (m)	август	avgust

septembre (m)	**сентябр**	sentyabr
octobre (m)	**октябр**	oktyabr
novembre (m)	**ноябр**	noyabr
décembre (m)	**декабр**	dekabr
au printemps	**баҳорда**	bahorda
en été	**ёзда**	yozda
en automne	**кузгда**	kuzgda
en hiver	**қишда**	qishda
mois (m)	**ой**	oy
saison (f)	**мавсум**	mavsum
année (f)	**йил**	yil

2. Nombres. Adjectifs numéraux

zéro	**нол**	nol
un	**бир**	bir
deux	**икки**	ikki
trois	**уч**	uch
quatre	**тўрт**	to'rt
cinq	**беш**	besh
six	**олти**	olti
sept	**етти**	etti
huit	**саккиз**	sakkiz
neuf	**тўққиз**	to'qqiz
dix	**ўн**	o'n
onze	**ўн бир**	o'n bir
douze	**ўн икки**	o'n ikki
treize	**ўн уч**	o'n uch
quatorze	**ўн тўрт**	o'n to'rt
quinze	**ўн беш**	o'n besh
seize	**ўн олти**	o'n olti
dix-sept	**ўн етти**	o'n etti
dix-huit	**ўн саккиз**	o'n sakkiz
dix-neuf	**ўн тўққиз**	o'n to'qqiz
vingt	**йигирма**	yigirma
trente	**ўттиз**	o'ttiz
quarante	**қирқ**	qirq
cinquante	**еллик**	ellik
soixante	**олтмиш**	oltmish
soixante-dix	**етмиш**	etmish
quatre-vingts	**саксон**	sakson
quatre-vingt-dix	**тўқсон**	to'qson
cent	**юз**	yuz

deux cents	икки юз	ikki yuz
trois cents	уч юз	uch yuz
quatre cents	тўрт юз	to'rt yuz
cinq cents	беш юз	besh yuz
six cents	олти юз	olti yuz
sept cents	етти юз	etti yuz
huit cents	саккиз юз	sakkiz yuz
neuf cents	тўққиз юз	to'qqiz yuz
mille	минг	ming
dix mille	ўн минг	o'n ming
cent mille	юз минг	yuz ming
million (m)	миллион	million
milliard (m)	миллиард	milliard

3. L'être humain. La famille

homme (m)	эркак	erkak
jeune homme (m)	ёш йигит	yosh yigit
femme (f)	аёл	ayol
jeune fille (f)	қиз	qiz
vieillard (m)	чол	chol
vieille femme (f)	кампир	kampir
mère (f)	она	ona
père (m)	ота	ota
fils (m)	ўғли	o'g'li
fille (f)	қиз	qiz
parents (m pl)	ота-она	ota-ona
enfant (m, f)	бола	bola
enfants (pl)	болалар	bolalar
belle-mère (f)	ўгай она	o'gay ona
beau-père (m)	ўгай ота	o'gay ota
grand-mère (f)	буви	buvi
grand-père (m)	бобо	bobo
petit-fils (m)	невара	nevara
petite-fille (f)	набира	nabira
petits-enfants (pl)	неваралар	nevaralar
oncle (m)	амаки	amaki
tante (f)	хола	xola
neveu (m)	жиян	jiyan
nièce (f)	жиян	jiyan
femme (f)	хотин	xotin
mari (m)	ер	er

marié (adj)	уйланган	uylangan
mariée (adj)	турмушга чиққан	turmushga chiqqan
veuve (f)	бева аёл	beva ayol
veuf (m)	бева еркак	beva erkak
prénom (m)	исм	ism
nom (m) de famille	фамилия	familiya
parent (m)	қариндош	qarindosh
ami (m)	дўст	do'st
amitié (f)	дўстлик	do'stlik
partenaire (m)	шерик	sherik
supérieur (m)	бошлиқ	boshliq
collègue (m, f)	ҳамкасб	hamkasb
voisins (m pl)	қўшнилар	qo'shnilar

4. Le corps humain. L'anatomie

corps (m)	тана	tana
cœur (m)	юрак	yurak
sang (m)	қон	qon
cerveau (m)	мия	miya
os (m)	суяк	suyak
colonne (f) vertébrale	умуртқа	umurtqa
côte (f)	қовурға	qovurg'a
poumons (m pl)	ўпка	o'pka
peau (f)	тери	teri
tête (f)	бош	bosh
visage (m)	юз	yuz
nez (m)	бурун	burun
front (m)	пешона	peshona
joue (f)	юз	yuz
bouche (f)	оғиз	og'iz
langue (f)	тил	til
dent (f)	тиш	tish
lèvres (f pl)	лаблар	lablar
menton (m)	енгак	engak
oreille (f)	қулоқ	quloq
cou (m)	бўйин	bo'yin
œil (m)	кўз	ko'z
pupille (f)	қорачиқ	qorachiq
sourcil (m)	қош	qosh
cil (m)	киприк	kiprik
cheveux (m pl)	сочлар	sochlar
coiffure (f)	турмак	turmak

moustache (f)	мўйлов	mo'ylov
barbe (f)	соқол	soqol
porter (~ la barbe)	қўйиш	qo'yish
chauve (adj)	кал	kal

main (f)	панжа	panja
bras (m)	қўл	qo'l
doigt (m)	бармоқ	barmoq
ongle (m)	тирноқ	tirnoq
paume (f)	кафт	kaft

épaule (f)	елка	elka
jambe (f)	оёқ	oyoq
genou (m)	тизза	tizza
talon (m)	товон	tovon
dos (m)	орқа	orqa

5. Les vêtements. Les accessoires personnels

vêtement (m)	кийим	kiyim
manteau (m)	палто	palto
manteau (m) de fourrure	пўстин	po'stin
veste (f) (~ en cuir)	куртка	kurtka
imperméable (m)	плашч	plashch

chemise (f)	кўйлак	ko'ylak
pantalon (m)	шим	shim
veston (m)	пиджак	pidjak
complet (m)	костюм	kostyum

robe (f)	аёллар кўйлаги	ayollar ko'ylagi
jupe (f)	юбка	yubka
tee-shirt (m)	футболка	futbolka
peignoir (m) de bain	халат	xalat
pyjama (m)	пижама	pijama
tenue (f) de travail	жомакор	jomakor

sous-vêtements (m pl)	ич кийим	ich kiyim
chaussettes (f pl)	пайпоқ	paypoq
soutien-gorge (m)	бюстгалтер	byustgalter
collants (m pl)	колготки	kolgotki
bas (m pl)	пайпоқ	paypoq
maillot (m) de bain	купалник	kupalnik

chapeau (m)	қалпоқ	qalpoq
chaussures (f pl)	пояфзал	poyafzal
bottes (f pl)	етик	etik
talon (m)	пошна	poshna
lacet (m)	чизимча	chizimcha
cirage (m)	пояфзал мойи	poyafzal moyi

gants (m pl)	қўлқоплар	qo'lqoplar
moufles (f pl)	бошмалдоқли қўлқоплар	boshmaldoqli qo'lqoplar
écharpe (f)	бўйинбоғ	bo'yinbog'
lunettes (f pl)	кўзойнак	ko'zoynak
parapluie (m)	соябон	soyabon
cravate (f)	галстук	galstuk
mouchoir (m)	дастрўмол	dastro'mol
peigne (m)	тароқ	taroq
brosse (f) à cheveux	тароқ	taroq
boucle (f)	камар тўқаси	kamar to'qasi
ceinture (f)	камар	kamar
sac (m) à main	сумкача	sumkacha

6. La maison. L'appartement

appartement (m)	хонадон	xonadon
chambre (f)	хона	xona
chambre (f) à coucher	ётоқхона	yotoqxona
salle (f) à manger	йемакхона	yemakxona
salon (m)	меҳмонхона	mehmonxona
bureau (m)	кабинет	kabinet
antichambre (f)	даҳлиз	dahliz
salle (f) de bains	ваннахона	vannaxona
toilettes (f pl)	ҳожатхона	hojatxona
aspirateur (m)	чангютгич	changyutgich
balai (m) à franges	швабра	shvabra
torchon (m)	латта	latta
balayette (f) de sorgho	супурги	supurgi
pelle (f) à ordures	хокандоз	xokandoz
meubles (m pl)	мебел	mebel
table (f)	стол	stol
chaise (f)	стул	stul
fauteuil (m)	кресло	kreslo
miroir (m)	кўзгу	ko'zgu
tapis (m)	гилам	gilam
cheminée (f)	камин	kamin
rideaux (m pl)	дарпарда	darparda
lampe (f) de table	стол чироғи	stol chirog'i
lustre (m)	қандил	qandil
cuisine (f)	ошхона	oshxona
cuisinière (f) à gaz	газ плитаси	gaz plitasi
cuisinière (f) électrique	електр плитаси	elektr plitasi

four (m) micro-ondes	микротўлқин печи	mikroto'lqin pechi
réfrigérateur (m)	совутгич	sovutgich
congélateur (m)	музлатгич	muzlatgich
lave-vaisselle (m)	идиш-товоқ ювиш машинаси	idish-tovoq yuvish mashinasi
robinet (m)	жўмрак	jo'mrak
hachoir (m) à viande	гўштқиймалагич	go'shtqiymalagich
centrifugeuse (f)	шарбациққич	sharbatsiqqich
grille-pain (m)	тостер	toster
batteur (m)	миксер	mikser
machine (f) à café	кофе қайнатадиган асбоб	kofe qaynatadigan asbob
bouilloire (f)	чойнак	choynak
théière (f)	чойнак	choynak
téléviseur (m)	телевизор	televizor
magnétoscope (m)	видеомагнитофон	videomagnitofon
fer (m) à repasser	дазмол	dazmol
téléphone (m)	телефон	telefon

www.ingramcontent.com/pod-product-compliance
Lightning Source LLC
Chambersburg PA
CBHW070839050426
42452CB00011B/2349